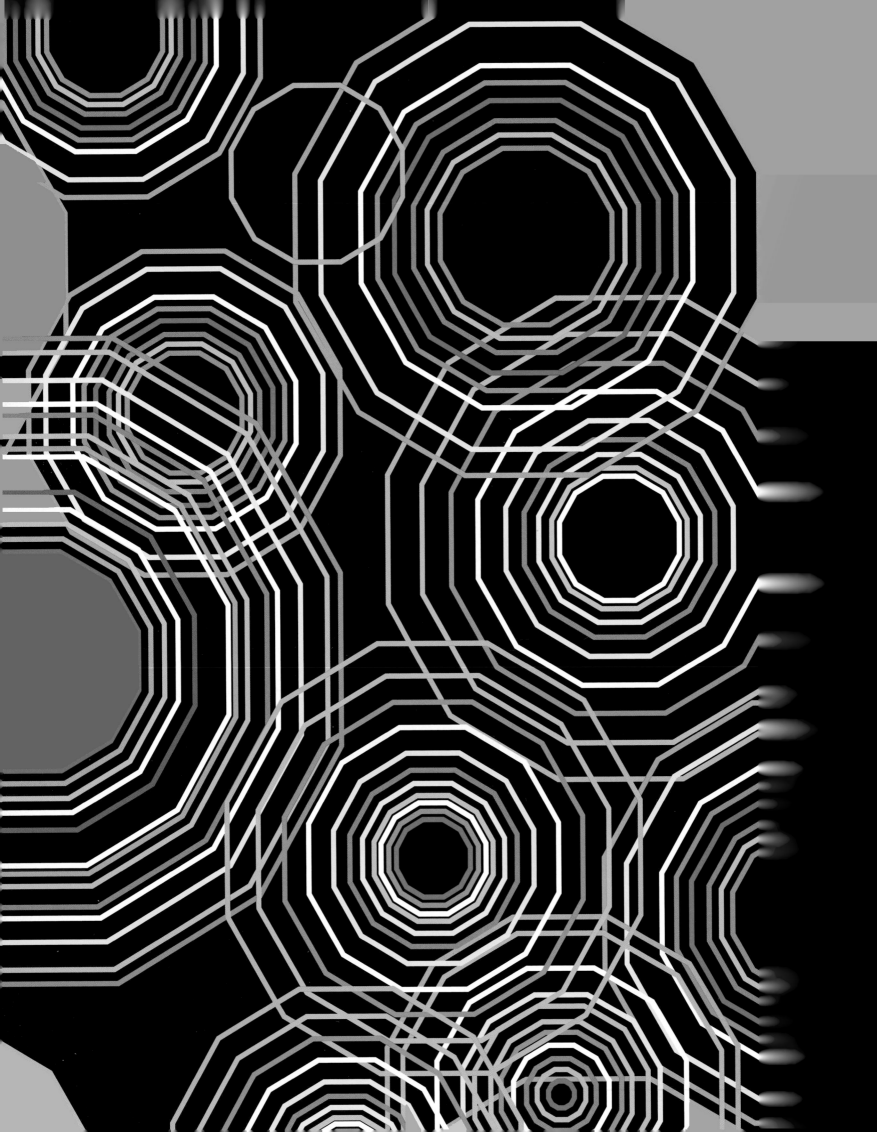

Mis pies tienen raíz

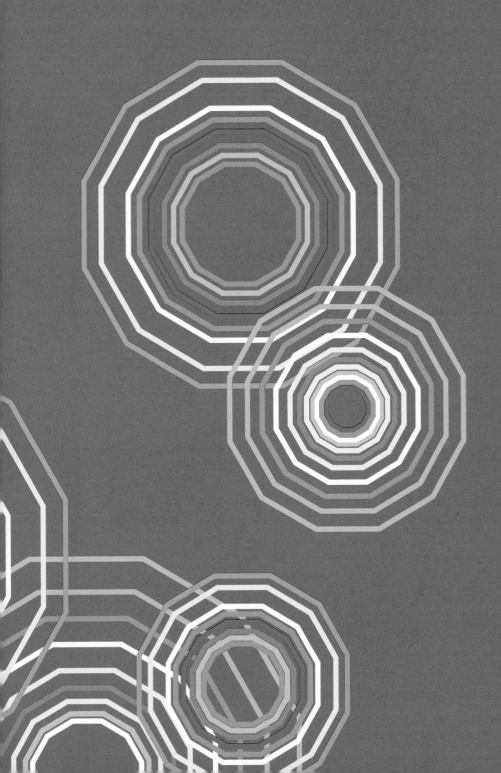

Mis pies tienen raíz

Mujeres del mundo de habla hispana

CÚMULO DE TESLA

ATENEA CASTILLO

OCEANO Travesía

El título de este libro está tomado de un verso de la
Canción del jardinero, de María Elena Walsh, que dice así:
"Yo no soy un bailarín porque me gusta quedarme/
Quieto en la tierra y sentir que mis pies tienen raíz."

Mis pies tienen raíz

Mujeres del mundo de habla hispana

© 2021 Cúmulo de Tesla (texto):

Alejandra Espino del Castillo, Antígona Segura,

Cisteil Pérez, David Venegas,

Gabriela Damián Miravete y Libia Brenda

© 2021 Atenea Castillo (ilustraciones)

DISEÑO: Santiago Solís Montes de Oca
FOTOGRAFÍA: Marco A. Pacheco

D.R. © Editorial Océano, S.L.

Milanesat 21-23, Edificio Océano

08017 Barcelona, España

www.oceano.com

D.R. © Editorial Océano de México, S.A. de C.V.

Guillermo Barroso 17-5, col. Industrial Las Armas

Tlalnepantla de Baz, 54080, Estado de México

www.oceano.mx • www.oceanotravesia.mx

PRIMERA EDICIÓN: 2021

ISBN: 978-607-557-320-5

DEPÓSITO LEGAL: B 14101-2021

Para seleccionar a estas mujeres investigamos a figuras importantes en varias áreas del conocimiento sobre las que pudiéramos aportar una mirada distinta. Buscamos equilibrio entre disciplinas y momentos históricos; también quisimos presentarlas como seres humanos y no como heroínas imposibles de imitar. El índice con el que las presentamos no sigue un orden alfabético ni cronológico, pero tampoco es aleatorio, pues de la misma manera que trabajamos en nuestro colectivo, aquí fuimos trazando vínculos entre ellas, tomando a sor Juana como el tronco común para todas. Así, a manera de tejido o de pequeños brotes que se bifurcan, cada una va trenzándose con la anterior y la posterior, de forma que todas se tocan, ya sea por su ocupación, sus inquietudes o sus intereses. Esto crea una especie de organismo que se nutre de distintas épocas, lugares y puntos de vista, pero que siempre vuelve a su centro.

CÚMULO DE TESLA

Índice

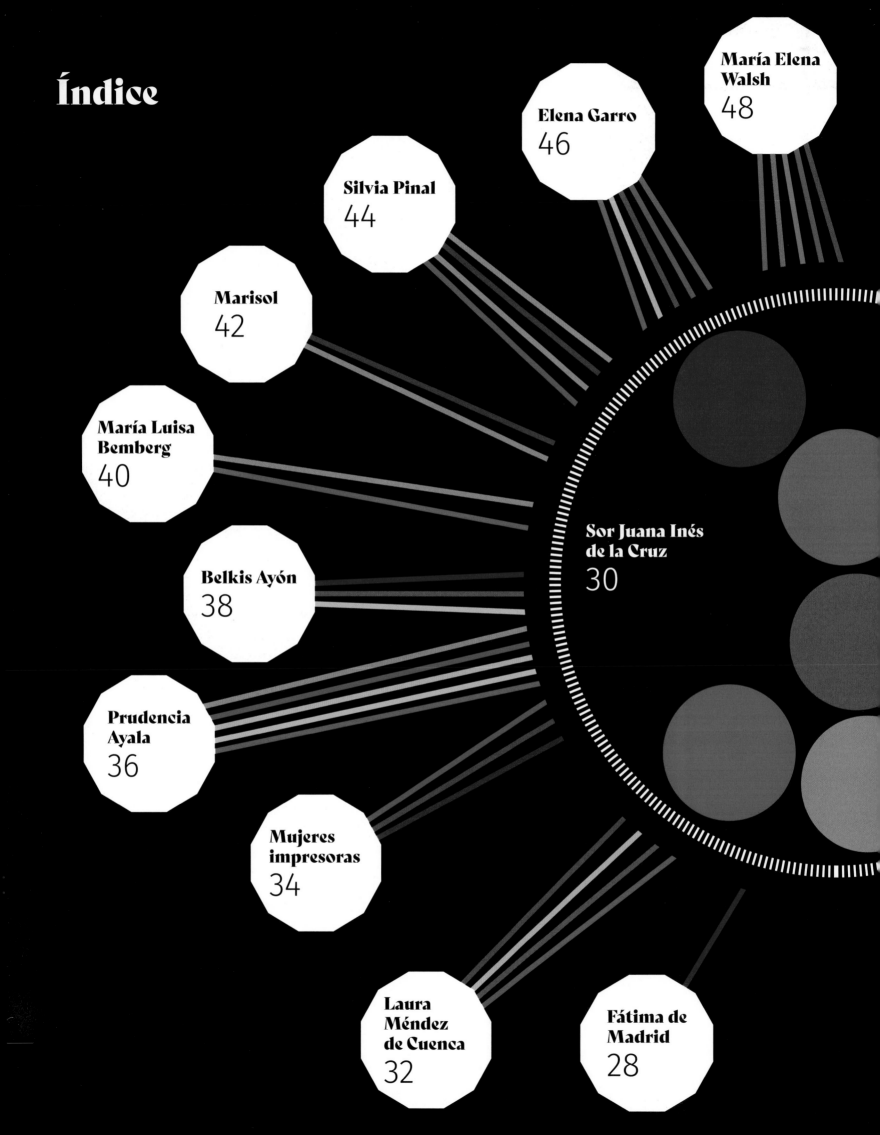

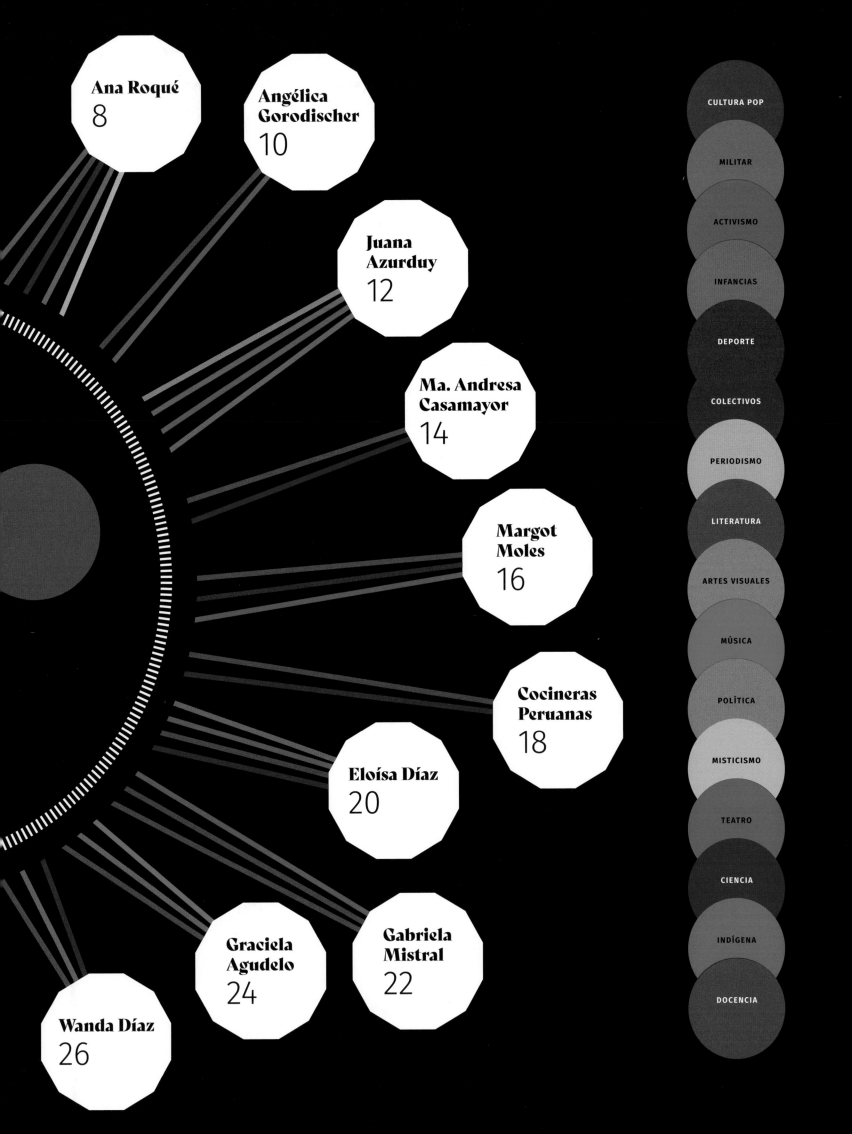

Ana Roqué
8

Angélica
Gorodischer
10

Juana
Azurduy
12

Ma. Andresa
Casamayor
14

Margot
Moles
16

Cocineras
Peruanas
18

Eloísa Díaz
20

Gabriela
Mistral
22

Graciela
Agudelo
24

Wanda Díaz
26

CULTURA POP

MILITAR

ACTIVISMO

INFANCIAS

DEPORTE

COLECTIVOS

PERIODISMO

LITERATURA

ARTES VISUALES

MÚSICA

POLÍTICA

MISTICISMO

TEATRO

CIENCIA

INDÍGENA

DOCENCIA

Ana Roqué

(ANA CRISTINA ROQUÉ Y GÉIGEL DE DUPREY)

Ana tiene más de 80 años y está sentada frente a la universidad, imaginando un jardín botánico donde pueda dar clases sobre la flora de su país. Tiene entre las manos su libro, *La botánica antillana*, con los resultados de veinte años de investigación sobre las plantas de Puerto Rico y otras islas del Caribe. Quiere publicarlo para conseguir dinero y construir el jardín botánico de sus sueños. "¡Ojalá que esta vez sí lo aprueben en la universidad!", piensa.

Ana lleva diez años haciendo los cambios que un botánico de la universidad le ha pedido para imprimir su obra. Su versión original estaba escrita en inglés y español e incluía descripciones de más de 6 000 especies de plantas y sus propiedades, dibujos, poemas y relatos. La hizo pensando en su pueblo. Luego, aconsejada por el botánico, puso nombres científicos y eliminó los poemas y relatos para que el libro fuera más científico. ¡Está listo para imprimirse!

Poco después Ana regresará a casa, triste porque tampoco esta vez aprobaron su publicación. Decide dejarlo por un tiempo, pues sus amigas sufragistas la requieren más que nunca para la lucha por el derecho de las mujeres a votar.

Casi 90 años después de su muerte, la *Botánica* de Ana llegará a manos de una historiadora de la Universidad de Puerto Rico, quien se la mostrará a expertos de nuestra época. Inmediatamente reconocerán su importancia y trabajarán arduamente para poner esta increíble obra a disposición de cualquier persona de su país y el resto del mundo, justo como Ana quería.

··

(18 DE ABRIL DE 1853, AGUADILLA, PUERTO RICO-3 DE OCTUBRE DE 1933, RÍO PIEDRAS, PUERTO RICO)
Cuando tenía 13 años fundó su propia escuela y a los 19 se inició como activista en contra de la esclavitud. Fue escritora, educadora, periodista, líder sufragista, científica (estudió botánica, meteorología, astronomía), divulgadora de la ciencia y pionera feminista. La apodaron "La flor feminista". Alguna vez dijo: "Soy eco del pasado que viene a despertar a la mujer del porvenir".

Angélica Gorodischer

(ANGÉLICA BEATRIZ DEL ROSARIO ARCAL DE GORODISCHER)

Angélica está sentada frente a una mesa de trabajo, lápiz en mano, y acaba de terminar un cuento para su siguiente libro, *Bajo las jubeas en flor*. Es el tercero que publica, pero es la primera vez que incluye protagonistas femeninas distintas de las que escriben los hombres: esas trágicas y blandas víctimas sin voluntad que, francamente, ya la tienen harta porque no se parecen en nada a las mujeres con las que ha convivido toda su vida. Hace años se dio cuenta de que ellas están en una situación muy desfavorable de desigualdad, por eso le importa luchar para que el mundo cambie, y una de las vías para lograrlo es escribir, hacer que sus personajes femeninos tengan la fuerza y la inteligencia de las mujeres que ella conoce tan bien.

En este momento recuerda que cuando era niña se tumbaba boca abajo a leer en una salita de su casa y a veces no entendía los libros o comprendía muy poco de ellos, pero le fascinaban las aventuras, los seres que no conocía, las historias. Ahora mismo no lo sabe, pero se va a convertir en la escritora de ciencia ficción más importante de su país y de toda América Latina. Su libro más famoso se titulará *Kalpa imperial*, y mientras lo escriba pensará que se trata de una serie de cuentos de corte fantástico, pero irán apareciendo ahí otros temas que le interesan, como los vicios del poder, la lucha por la libertad, la injusticia; luego se dará cuenta de que a través de la imaginación —porque sus textos muy realistas no son— escribía soterradamente sobre la dictadura argentina.

Angélica seguirá escribiendo cuentos, novelas, menos ciencia ficción y más historias de mujeres interesantes y aventureras que pertenecen a ese mundo que está ayudando a construir.

....

(28 DE JULIO DE 1928, BUENOS AIRES, ARGENTINA)

Entre sus obras están las novelas *Kalpa imperial* y *Floreros de alabastro, alfombras de Bokhara* y los cuentos de *Bajo las jubeas en flor* y *Trafalgar*. Ha obtenido el Premio Emecé, la Beca Fullbright para el International Writing Program de Iowa, el premio Gigamesh de fantasía por *Kalpa imperial*, el Konex de Platino por su obra de ciencia ficción y el Premio Dignidad de la Asamblea Permanente por los Derechos Humanos gracias a su trabajo por los derechos de las mujeres. Alguna vez dijo: "Tardé cuarenta años en comprender que la curiosidad no es un defecto sino una virtud, como la desobediencia, y que las dos mueven el mundo".

Juana Azurduy Bermúdez

(O JUANA AZURDUY DE PADILLA)

Hundida en la pobreza y olvidada por todos, Juana Azurduy está en su lecho de muerte. Con la poca fuerza que tiene, la boliviana de 82 años piensa en que no le alcanza ni para pagar su féretro.

Mientras espera la muerte, recuerda los días gloriosos en la hacienda de su padre, donde aprendió a montar a caballo y a hablar quechua y aymara. Allí también vio cómo los extranjeros que dominaban el país abusaban de criollos, indígenas y cholos, y desde entonces quiso evitar ese desolador futuro a su familia y a su pueblo. Recuerda que ella misma se entrenó para el combate por la independencia del Alto Perú, usando espadas melladas y boleadoras.

Viene a su memoria el día que se enlistó en la milicia, las batallas que ganó con el batallón que lideraba y la tenacidad de las Amazonas: su guardia personal, conformada por mujeres indígenas que siempre luchaban a su lado. Recuerda feliz cuando la nombraron teniente coronel y se convirtió en la primera mujer en el mundo en lograr tal reconocimiento.

También hay malos recuerdos: sus cuatro pequeños hijos murieron de malaria cuando se ocultaban del enemigo. Su esposo murió luchando para permitir la huida de Juana. Y ella tuvo que dejar a su hija recién nacida en brazos de una anciana para protegerla de la guerra. Además, recibió una pensión ridícula durante dos años, como pago por ser heroína de su país.

Juana llora en silencio. Son lágrimas de tristeza, sí. Pero las últimas son de alegría, porque sabe que, a pesar de todo, su lucha no fue en vano. Su país y su pueblo por fin son libres.

....

(12 DE JULIO DE 1780, TOROCA, BOLIVIA-25 DE MAYO DE 1862, SUCRE, BOLIVIA)

Luchó por los derechos de los pueblos indígenas, por lo que ha sido llamada "Juana de Latinoamérica", "La Flor del Alto Perú", "Heroína de Bolivia", "Juana de América", "Libertadora de Bolivia". Incluso fue considerada la Pachamama por los indígenas. Alguna vez dijo: "¿Es de mujeres sólo tener hijos, perderlos, cruzarse de brazos, mientras tantos se unen para liberarnos?"

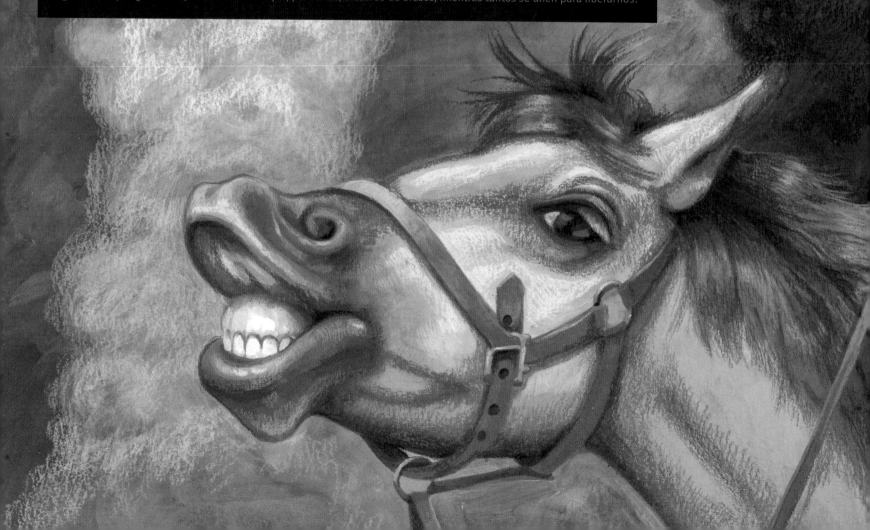

TABLA COMBINATORIA
para multiplicar.

2	1	2		5	1	5		8	1	8
2	2	4		5	2	10		8	2	16
2	3	6		5	3	15		8	3	24
2	4	8		5	4	20		8	4	32
2	5	10		5	5	25		8	5	40
2	6	12		5	6	30		8	6	48
2	7	14
2	8	16
2	9	18
2	10	20
3	1	3
3	2	6
3	3	9
3	4	12
3	5	15
3	6	18
3	7	21
3	8	24
3	9	27
3	10	30
4	1	4
4	2	8
4	3	12
4	4	16
4	5	20
4	6	24
4	7	28
4	8	32
4	9	36
4	10	40

María Andresa Casamayor de la Coma

María Andresa Casamayor de la Coma ordena una y otra vez las letras que forman su nombre y reescribe combinaciones hasta que encuentra una que suena como un nombre masculino: Casandro Mamés de la Marca y Araioa. Lo necesita para firmar el libro que publicará en España en 1738 y que contiene instrucciones para hacer operaciones matemáticas básicas con ayuda de ejemplos claros y cotidianos, perfecto para esta época en la que la mayoría de las personas no tienen educación básica. Los niños y las niñas van a colegios separados. Ellas aprenden religión, a leer, escribir y coser; las matemáticas son para ellos.

Aunque fray Pedro Martínez, un colega de María Andresa, calificará el libro de "obrilla" porque no está a la altura de los conocimientos de ella, será el primer texto que hable de unidades de moneda y medida y sus equivalencias entre los sistemas usados en las dos regiones de la España del siglo XVIII. Por ejemplo, los aceites se miden en arrobas, que son 26 libras en ciertas ciudades y 24 en otras. Si se trata de vino, la medida es un cántaro, que son 2.8 libras, pero en ciertas ciudades 16 cántaros son un nietro, en otras, 12. Para comerciar entre ciudades el libro de María Andresa es el manual perfecto, pues enseña a hacer las operaciones matemáticas que se necesitan para realizar las conversiones. Todo esto va con el espíritu del Siglo de las Luces, una época en la que se fomentaron todas las áreas del conocimiento y que llegó a España justo cuando María Andresa nació.

....

(30 DE NOVIEMBRE DE 1720-23 DE OCTUBRE DE 1780, ZARAGOZA, ESPAÑA)

Hay registro de que escribió dos libros sobre matemáticas, pero sólo se conserva el *Tyrocinio Mathematico y la Instruccion de las Quatro Reglas Llanas*. Una gran parte de su vida la dedicó a dar clases de educación básica a niñas de colegios públicos. Félix Latassa la reconoció en 1802 en la colección llamada Biblioteca Nueva de los Escritores Aragoneses, pero escribió mal su nombre, de manera que por más de 200 años se le conoció como María Andrea Casamayor y de la Coma (el error puede verse si revisamos su anagrama). María Andresa escribió: "Sentencia es del oráculo divino que los ríos vuelvan al mar las aguas que les participó" para decirnos que el conocimiento que se recibe debe compartirse como una forma de retribución.

Margot Moles Piña

Margot pasó la noche bordando para terminar el trabajo que les permitirá a ella y a su hija sobrevivir unos días más. Entre puntada y puntada recuerda los tiempos en que fue feliz, cuando ganó competencias de lanzamiento de disco y de bala, o cuando estableció una marca mundial en lanzamiento de martillo que se mantendría invicta durante más de cuarenta años.

Antes de que la Guerra Civil destruyera su vida y sus sueños, Margot era una de las deportistas más importantes de España. Además de destacar en atletismo, fue la primera esquiadora española en competir en unos Juegos Olímpicos de Invierno y obtuvo tres campeonatos nacionales como capitana de su equipo de hockey. Cuando no estaba entrenando o compitiendo, Margot enseñaba Educación Física a las niñas de la escuela de su padre, preparando a la nueva generación de atletas.

Recuerda con amargura cómo todo cambió cuando el general Francisco Franco subió al poder: su esposo fue fusilado, el resto de sus parientes tuvo que escapar y ella se quedó sola con su hija sin que le permitieran volver a competir. Se lamenta también porque el gobierno prohibió que las mujeres aprendieran o practicaran deporte. Margot perdió casi todas sus razones para vivir, pero tiene que seguir adelante por su hija.

Pasarán muchos años y el gobierno de España cambiará nuevamente antes de que se reconozca la carrera deportiva de Margot. En 1982, la Asociación Femenina de Atletismo organizará un homenaje dedicado a ella, donde por fin se recordarán sus logros como atleta. El festejo la ayudará a sanar un poco la herida que sufrió cuando la obligaron a dejar el deporte.

....

(12 DE OCTUBRE DE 1910, TERRASSA, ESPAÑA-19 DE AGOSTO DE 1987, MADRID, ESPAÑA)

Margot pertenecía a una familia favorecida por el gobierno que fue derrocado cuando el general Francisco Franco subió al poder en España, por eso es que todos sus parientes huyeron y ella se quedó sola al cuidado de su hija. El gobierno conservador de Franco consideraba que el atletismo era una práctica sólo para hombres, así que prohibió que las mujeres lo practicaran. Alguna vez dijo: "Creo que hay un atraso formidable de muchos siglos que ha cohibido y ha mermado nuestro espíritu [...] la mujer está dotada de los elementos raciales suficientes para ocupar en la vida un papel igual al del hombre".

Cocineras de los conventos peruanos

En el monasterio de Santa Catalina, en el sur del Perú, cualquier día puede resultar muy ajetreado en el año de 1767. Las celdas de algunas monjas adineradas son tan grandes que parecen casitas, y es tradición hacer fiestas y reuniones a las que invitan a otras monjas y a algunas novicias. El lugar más importante es la cocina, pues de allí salen dulces y refrigerios para agasajar a las invitadas y quizá competir por el mejor platillo, que después ofrecerán a personajes importantes de la ciudad y del clero. Por ejemplo, hoy se prepara un postre que se inventó en el convento y se parece al mantecado: el queso helado. Lleva leche hervida con especias y azúcar, y se prepara en un tambo de metal dentro de un barril con hielo.

La cocina es territorio de invenciones. Además del postre, ese día (como siempre) esclavas negras, muchachas criollas e hijas de familias sin riqueza monetaria comparten experiencias alrededor del fogón y combinan ingredientes nativos, como distintos tipos de maíz o la yuca, con otros traídos

de lejanas tierras, como especias y cerdo; todo se mezcla en preparaciones de origen europeo que se combinan con recetas africanas. Entre todas crean platillos que luego serán muy tradicionales y llegarán al Perú moderno, como la mazamorra (un dulce de maíz color morado), los anticuchos (brochetas de corazón de res) o la chicha (bebida de maíz ligeramente fermentada).

Volviendo al postre, las monjas remueven la leche hervida dentro del barril hasta que empieza a helarse y se queda pegada en la lámina (y se ve como queso). ¡Está listo! Así, decenas de mujeres que cocinan a diario contribuyen de forma anónima pero contundente a formar el importante legado histórico que es la tradición culinaria de un país.

....

(SIGLO XVI-SIGLO XIX, FIN DEL VIRREINATO DEL PERÚ, HOY REPÚBLICA DEL PERÚ)

La cocina peruana es considerada patrimonio cultural de la nación desde 2007 y esperan que la UNESCO la reconozca como patrimonio inmaterial de la humanidad. Ricardo Palma (el escritor costumbrista peruano más importante) relata en uno de sus cuentos que unas monjas de Lima supuestamente cantaban estos versos de villancico: "San Bernardo no come escabeche/ni bebe Campeche/porque es amigo de la leche".

Eloísa Díaz Insunza

Eloísa tiene 15 años y presenta un examen brillante para ingresar a la Escuela de Medicina de la Universidad de Chile. Como es la primera mujer sudamericana en intentarlo, todo el país está atento. La gente cree que la educación va a corromperla y que debería aprender manualidades y cocina. Pero Eloísa ya decidió ir a la universidad.

Como es mujer, sus profesores sólo la aceptan con la condición de que su mamá la acompañe a todas las clases, y en los cursos de anatomía debe sentarse tras un biombo para no ver los cuerpos desnudos. Pobre Eloísa, ¡tiene que aprender cómo funciona el cuerpo humano sin poder observarlo directamente! Los libros son muy buenos, pero nada mejor que trabajar como se le permite a sus compañeros varones. Para colmo, ellos la molestan todo el tiempo. Eloísa está agotada y le parece injusto el trato que le dan, pero nunca se rinde y trabaja más duro que los demás para que la reconozcan como profesional.

Dentro de unos años Eloísa se graduará con altas notas y grandes reconocimientos. También se volverá muy solitaria, pues en la universidad y el trabajo suele ser la única mujer y la sociedad juzgona siempre la persigue. Quizá por eso prefiere dedicarse a la salud de mujeres y niños, un tema que sus colegas hombres exploran muy poco. Así, podrá ayudar a otras mujeres sin ser criticada. Tendrá una vida satisfactoria, pues sabe que sus logros le abrirán el camino a otras mujeres que vendrán después de ella.

··

(25 DE JUNIO DE 1866-1 DE NOVIEMBRE DE 1950, SANTIAGO DE CHILE)

Además de médica cirujana, fue profesora y una gran altruista. Por sus contribuciones a la medicina social la llamaron "Mujer ilustre de América". Alguna vez dijo: "Una barrera estaba franqueada, quedaba aún otra que salvar que no era menos penosa, menester era obtener el pase de la sociedad para que la niña pudiese salir del hogar y llegar, si no con satisfacción manifiesta suya, al menos sin su reprobación, al santuario de las letras y de las ciencias para volar a él sin que se la mirase a su vuelta con recelo y de reojo".

Gabriela Mistral

(LUCILA DE MARÍA DEL PERPETUO SOCORRO GODOY ALCAYAGA)

En un auditorio de Suecia, el 10 de diciembre de 1945, Gabriela Mistral avanza seria, sobria, dignísima, va vestida de negro, está a punto de recibir el Premio Nobel de Literatura. Es la primera mujer escritora en lengua española y la primera mujer latinoamericana a la que le otorgan esa medalla de oro muy famosa y con mucho prestigio. Este instante contiene una paradoja, como buena parte de su vida: Gabriela creció descalza y pobre en las montañas de Chile y fue unos pocos años a la escuela, pero se convirtió en la representante del magisterio en toda América Latina. La están celebrando reyes e intelectuales, pero en su propio país la tratan con suspicacia porque la acusan de ser socialista y antipática; les parece que su forma de pensar es demasiado liberal para una señora y tratan de no mencionar que prefiere escribirle cartas de amor a una mujer antes que a un hombre. Ha hecho trabajo diplomático y ha tenido que vivir muchos años fuera de su país, pero se preocupa como pocos por los derechos humanos de los indígenas, de los niños y de las mujeres de Chile. Su labor poética ya dejó un rastro bien visible, porque "la Mistral" tiene una voz poderosa, enraizada en lo más profundo de la tierra que conoce y a la que vuelve siempre, a través de su corazón.

Parecería que Gabriela es muchas mujeres en una sola, y va a pasar toda su vida manteniéndolas en equilibrio; la sociedad a su alrededor le exige que se porte de una manera y ella lo que quiere es hacer cosas inesperadas, pero debe mantener su rebeldía en secreto. Este premio por el que la gente está aplaudiéndole hoy, como reconocimiento a su escritura, la sitúa entre las figuras literarias más importantes del mundo, pero tendrán que pasar muchos años para que la vean menos como a una virtuosa idealizada y más como a una mujer real, de creencias firmes y carácter imbatible.

....

(7 DE ABRIL DE 1889, VICUÑA, CHILE-10 DE ENERO DE 1957, NUEVA YORK, ESTADOS UNIDOS)

Entre sus obras están *Desolación*, *Lecturas para mujeres*, *Tala* y *Lagar*. Su trabajo en pro de los derechos humanos fue fundamental para la creación de lo que ahora es el Unicef. En "El placer de servir" escribió: "Toda la naturaleza es un anhelo de servicio; sirve la nube, sirve el aire, sirve el surco. Donde haya un árbol que plantar, plántalo tú; donde haya un error que enmendar, enmiéndalo tú; donde haya un esfuerzo que todos esquiven, acéptalo tú".

Graciela Agudelo

Graciela está en la primera fila de una sala de conciertos. Frente a ella, los músicos afinan e inundan el lugar con los sonidos característicos que sirven de preámbulo a la función. Emocionada, observa a las personas que preparan sus instrumentos; la más joven tiene nueve años, la más vieja, diecisiete, y están por tocar una obra que Graciela escribió específicamente para una orquesta sinfónica infantil. El director entra en el escenario, saluda al público, a la orquesta, y comienza el espectáculo.

Mientras disfruta del concierto, Graciela recuerda cómo sus primeras lecciones de piano le abrieron la posibilidad de interactuar con el mundo y de expresar sus emociones tocando un instrumento ¡cuando apenas tenía seis años! Desde entonces decidió construir su vida en torno a la música y estudió para ser una intérprete profesional de piano. Con su experiencia de la infancia en la memoria, a los veinte años comenzó a componer y a utilizar su arte para combatir la discriminación contra la niñez utilizando la música como herramienta, lenguaje y medicina. Escribió obras musicales para orquestas sinfónicas, conjuntos de cámara e instrumentos solistas. También creó el Método GAM de iniciación musical para niños, que ahora se utiliza en conservatorios y escuelas de música en toda Hispanoamérica.

Graciela regresa de sus recuerdos cuando, acompañando a la música, aparecen bailarines que interpretan la historia de un niño extraterrestre que visita nuestro planeta. La obra se titula *Suite Aventuras* y combina la música, el teatro y la danza. La ejecución termina y el público aplaude de pie a quienes la interpretaron y a la compositora de la obra; una mujer convencida de que, en un mundo cada vez más cruel, la música tiene el poder de restablecer y reforzar la capacidad de amar.

....

(7 DE DICIEMBRE DE 1945–19 DE ABRIL DE 2018, CIUDAD DE MÉXICO)

Ocupó puestos directivos en varias instituciones nacionales e internacionales, entre las que destacó como la representante de México en el Consejo Internacional de la Música de la UNESCO y como presidenta del Consejo de la Música de las Tres Américas. Utilizaba metáforas tomadas de la fantasía y la ciencia ficción para fomentar la sensibilidad y la empatía en los niños. Alguna vez dijo: "La música es una actividad que nos hace ser competitivos sin rivalidad. En una orquesta de cámara todos tratan de tocar lo mejor que pueden, pero nadie está tratando de tocar mejor que otro. La música es armonía".

Wanda Díaz Merced

Wanda está en Sudáfrica dándole clases a un grupo de niños. En el salón hay una computadora con las bocinas encendidas y todos escuchan fascinados, pero no disfrutan del último éxito musical de moda; están escuchando el brillo de las estrellas, los movimientos de las galaxias, el giro de los planetas. Wanda es ciega, al igual que los niños, y les está enseñando un método conocido como "sonificación" para estudiar el universo.

Así como ella le enseña a los niños una forma distinta de estudiar astronomía, Wanda aprendió a utilizar su oído para distinguir las imágenes del universo que captan los telescopios y que pueden traducirse en sonido. La posibilidad de escuchar el cosmos le permitió continuar su carrera de Física después de que una complicación de la diabetes lastimó severamente sus retinas y le hizo perder la vista.

No poder ver es un gran obstáculo para alguien que tiene que observar el cielo, así que muchas personas le aconsejaron a Wanda que cambiara de carrera o que dejara de estudiar. Ella prefirió asistir a un programa de la NASA para estudiantes invidentes, en el que adquirió la confianza y el conocimiento para convertirse en astrofísica.

Ahora es investigadora y ha descubierto movimientos de las estrellas que sus colegas no pueden detectar con la vista, así que su habilidad para escuchar está siendo de gran ayuda para la ciencia. Además, viaja por el mundo enseñando la sonificación a niños invidentes que podrían seguir sus pasos en el futuro. Ella afirma que la discapacidad no es una característica de una persona, sino una falla en el sistema en que esa persona vive. Y que tenemos los medios para erradicar esas fallas.

(1982, GURABO, PUERTO RICO)

Estudió Física en la Universidad de Puerto Rico y cursó un doctorado en Astrofísica en la Universidad de Glasgow, en Escocia. Cuando su hermana se enfermaba y tenía que guardar reposo, Wanda jugaba con ella a que la cama era una nave espacial y que juntas viajaban a explorar el espacio exterior. Alguna vez dijo: "Si a las personas con discapacidad se les permite acceder al campo científico, sucederá una enorme y titánica explosión de conocimientos".

Fátima de Madrid

Cientos de años antes de la conquista de América, Fátima está en una terraza de su casa en Córdoba. Es una noche despejada, ideal para observar las estrellas, y la joven astrónoma aprovecha para medir la posición y el movimiento de los luceros en el cielo. En ese entonces a Córdoba se la conocía como "la Perla de Occidente", pues era la ciudad más rica en cultura y ciencia del mundo.

Inmersa en este ambiente de sabiduría y conocimiento, Fátima estudia los trabajos de importantes astrónomos y matemáticos del pasado, corrige errores en los cálculos de los eclipses de Ptolomeo, ajusta las mediciones de los movimientos del Sol, la Luna y las estrellas en calendarios más precisos para predecir con mayor exactitud los fenómenos astronómicos importantes y corrige las tablas astronómicas persas para que funcionen en España. Su trabajo llegará a ser conocido como "Las Correcciones de Fátima". Además, junto con su padre, el famoso astrónomo Maslama al Mayriti, realiza mejoras fundamentales al astrolabio, un instrumento muy importante para estudiar el cielo.

Siglos después, con el paso de guerras y catástrofes, se perderá la evidencia de la existencia de Fátima, junto con buena parte de la historia de esa época. Incluso se dudará de que la astrónoma haya sido real y se dirá que todo el trabajo lo hizo su padre. ¿Será que una mujer científica en aquellos tiempos sólo pudo existir en los cuentos de hadas?

....

(ALGÚN MOMENTO ENTRE EL SIGLO X Y EL XI EN MADRID, ESPAÑA)

Siendo aún muy pequeña se mudó a Córdoba. El *Tratado sobre el astrolabio*, una de las obras que se le atribuyen como coautora, está resguardado en la biblioteca del monasterio de Escorial, en Madrid. Sin embargo, no se ha encontrado ninguna copia preservada de "Las Correcciones de Fátima". El debate sobre su existencia resurgió en 2009, cuando fue incluida en el calendario conmemorativo del año de la astronomía *Astrónomas que hicieron historia*. Es absurdo que cuando una mujer incursiona en un ámbito que se considera "propio de los varones" se le exige más esfuerzo para otorgarle un reconocimiento equivalente o menor que el que reciben ellos por descontado. En el caso de Fátima no sólo se cuestiona su trabajo, sino su existencia.

Sor Juana Inés de la Cruz

(JUANA INÉS DE ASBAJE Y RAMÍREZ DE SANTILLANA)

Es de madrugada. Las estrellas refulgen sobre la Ciudad de los Palacios esta noche de 1692. Sor Juana las mira desde su telescopio, gran lujo para una monja, al igual que las velas, el papel y la tinta que gasta cuando la ciudad duerme pero ella no. Quizá el silencio la hace pensar en el misterio de los astros, en cómo la humanidad ha dialogado con ellos a través de la física, las matemáticas, la astronomía, la música... Escribe el primer verso sobre el papel de algodón, rascándose el pelo cortito que había estado encerrado todo el día bajo su hábito. Necesita que su mano vaya tan rápido como sus ideas.

De pequeñita, su insaciable curiosidad la hizo querer leer la biblioteca de su abuelo. Aprendió con la complicidad de su hermana y su maestra. Pidió a su mamá que la dejara vestirse de hombre para poder ir a la universidad y, aunque no pudo ser, tuvo la suerte de aprender náhuatl y latín. Hacerse monja la liberó de la obligación de casarse y tener hijos para poder dedicarse a conocer todo lo que quisiera... dentro de las paredes del convento, claro. Juana Inés pensaba que cualquier mujer, si aprendía, podía llegar a ser como los sabios; ella misma contó cómo lo había logrado cuando se defendió de quienes le recomendaban rezar más y pensar menos.

Ahora mismo quiere llevarles la contra. Garabatea un poema: *Primero sueño*. No sabe que las jóvenes del futuro usarán sus palabras para defenderse y conquistar la libertad, y harán memes y tuits que cruzarán el mundo con sus versos, ni que su rostro estará por todas partes, hasta en los billetes.

Juana escribe sobre lo mucho que hay por conocer en la naturaleza, del poder de su cuerpo, capaz de crear vida y al mismo tiempo ¡tan pequeño dentro del cosmos! Imagina que su alma, al no tener límites, viaja por el universo, que está a punto de conocer todos sus secretos. Ríe, porque le da felicidad decir exactamente lo que piensa. Sor Juana es libre en su celda. Mira por la ventana, ya amanece. Escribe las últimas palabras de su poema: "el mundo iluminado, y yo despierta".

(12 DE NOVIEMBRE DE 1648, NEPANTLA, HOY AMECAMECA, ESTADO DE MÉXICO–17 DE ABRIL DE 1695, CAPITAL DEL VIRREINATO DE LA NUEVA ESPAÑA, HOY CIUDAD DE MÉXICO)

Fue polímata, es decir, dominaba los conocimientos de muchas disciplinas. Gracias a su amor por la ciencia y la poesía compuso obras únicas en su clase, como *Primero sueño* (hay quienes lo consideran un antecedente de la ciencia ficción en nuestra lengua), *Los empeños de una casa* (entre varias obras de teatro), la *Respuesta a sor Filotea de la Cruz*, redondillas, sonetos y villancicos que la gente hoy se sabe de memoria. Alguna vez dijo: "¿En perseguirme, Mundo, qué interesas?/¿En qué te ofendo, cuando sólo intento/poner bellezas en mi entendimiento/y no mi entendimiento en las bellezas?"

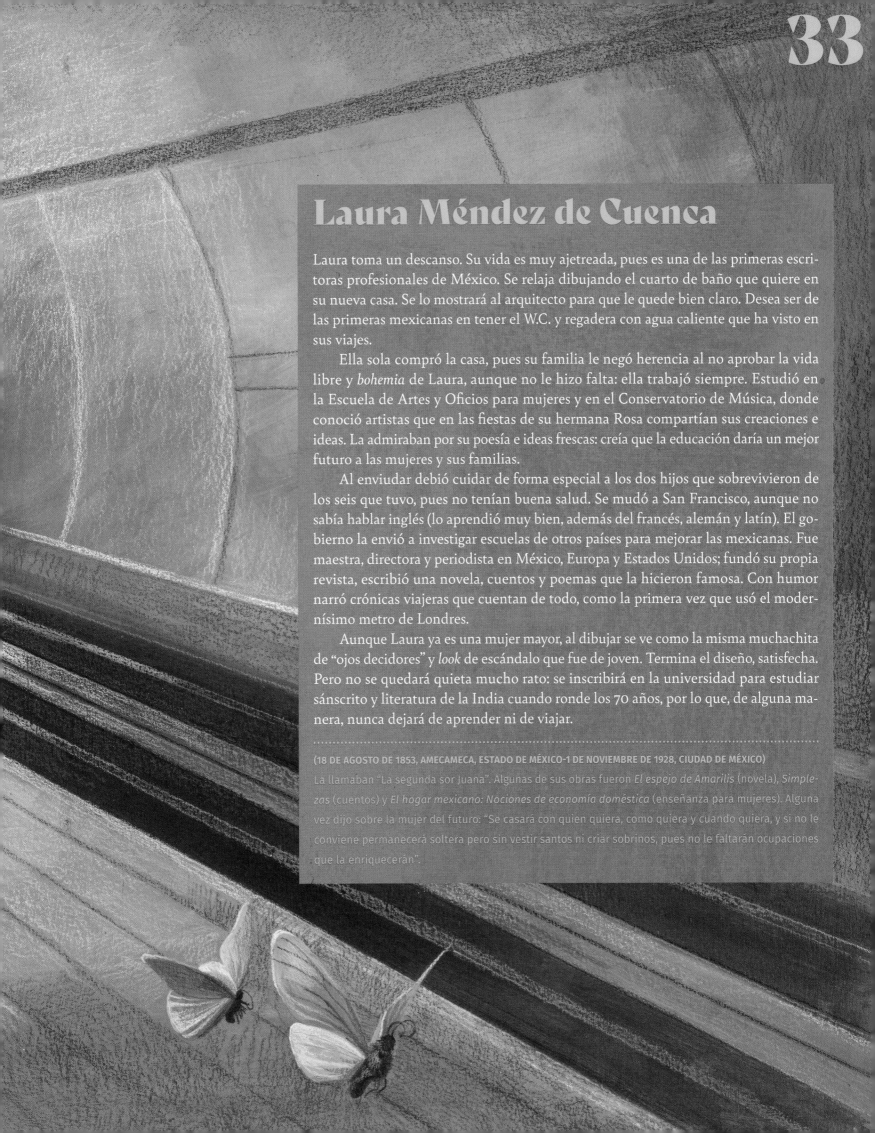

Laura Méndez de Cuenca

Laura toma un descanso. Su vida es muy ajetreada, pues es una de las primeras escritoras profesionales de México. Se relaja dibujando el cuarto de baño que quiere en su nueva casa. Se lo mostrará al arquitecto para que le quede bien claro. Desea ser de las primeras mexicanas en tener el W.C. y regadera con agua caliente que ha visto en sus viajes.

Ella sola compró la casa, pues su familia le negó herencia al no aprobar la vida libre y *bohemia* de Laura, aunque no le hizo falta: ella trabajó siempre. Estudió en la Escuela de Artes y Oficios para mujeres y en el Conservatorio de Música, donde conoció artistas que en las fiestas de su hermana Rosa compartían sus creaciones e ideas. La admiraban por su poesía e ideas frescas: creía que la educación daría un mejor futuro a las mujeres y sus familias.

Al enviudar debió cuidar de forma especial a los dos hijos que sobrevivieron de los seis que tuvo, pues no tenían buena salud. Se mudó a San Francisco, aunque no sabía hablar inglés (lo aprendió muy bien, además del francés, alemán y latín). El gobierno la envió a investigar escuelas de otros países para mejorar las mexicanas. Fue maestra, directora y periodista en México, Europa y Estados Unidos; fundó su propia revista, escribió una novela, cuentos y poemas que la hicieron famosa. Con humor narró crónicas viajeras que cuentan de todo, como la primera vez que usó el modernísimo metro de Londres.

Aunque Laura ya es una mujer mayor, al dibujar se ve como la misma muchachita de "ojos decidores" y *look* de escándalo que fue de joven. Termina el diseño, satisfecha. Pero no se quedará quieta mucho rato: se inscribirá en la universidad para estudiar sánscrito y literatura de la India cuando ronde los 70 años, por lo que, de alguna manera, nunca dejará de aprender ni de viajar.

··

(18 DE AGOSTO DE 1853, AMECAMECA, ESTADO DE MÉXICO-1 DE NOVIEMBRE DE 1928, CIUDAD DE MÉXICO)

La llamaban "La segunda sor Juana". Algunas de sus obras fueron *El espejo de Amarilis* (novela), *Simplezas* (cuentos) y *El hogar mexicano: Nociones de economía doméstica* (enseñanza para mujeres). Alguna vez dijo sobre la mujer del futuro: "Se casará con quien quiera, como quiera y cuando quiera, y si no le conviene permanecerá soltera pero sin vestir santos ni criar sobrinos, pues no le faltarán ocupaciones que la enriquecerán".

Impresoras de libros

Una mañana de 1558, Jerónima Gutiérrez está inclinada sobre el banco de trabajo estudiando algunos grabados. Ayuda a su esposo Juan Pablos a elegir el que han de usar para la impresión del *Vocabulario en lengua de Michoacán*, de fray Maturino Gilberti; a su alrededor se escucha el ajetreo propio de un día de trabajo en el taller. Desde que ella llegó a la Nueva España, casi veinte años antes, ha estado a cargo del taller de impresión que lleva el nombre de su marido, y puesto que esa fue la primera imprenta de la Colonia ella es la primera mujer impresora: conoce bien el negocio, sabe cómo se manejan las prensas y los tipos de plomo, cómo se prepara la tinta, con cuánta antelación pedir los pliegos de papel fino y cuáles son los mejores componedores de la ciudad.

Jerónima encabeza una lista de mujeres que serán administradoras, correctoras, encuadernadoras y jefas que, en calidad de artesanas y de oficialas, contribuyeron al auge de la palabra escrita durante la época colonial, además de llevar su casa. Se pueden rastrear sus nombres en los libros antiguos y en las investigaciones históricas, pero la mayoría no tuvo el crédito que merecía porque los representantes legales eran los esposos o padres, y ellos figuran más en pies de imprenta y permisos de la corona o del Virrey.

En 1563 Jerónima arrendará la imprenta a su hija María de Figueroa y a su yerno, Pedro de Ocharte, pero las licencias de impresión todavía incluirán el nombre de Jerónima Gutiérrez, pues se reconoce que ella tiene también el oficio de impresora de libros. Pero en este momento, sin saber nada del futuro, revisa con atención las hojas de papel con marcos de filigranas y realiza con diligencia una de las labores que permitirán que su nombre pase a la historia.

....

(SIGLOS XVI AL XVIII EN LA NUEVA ESPAÑA, HOY MÉXICO)

Al parecer, sin el trabajo de las mujeres el negocio de publicar e imprimir libros no hubiera sido tan próspero como lo fue desde el siglo XVI hasta entrado el siglo XIX. En varios casos porque los dueños murieron y sus viudas y familias tuvieron que hacerse cargo de los talleres. Se desconoce el número exacto de ejemplares que se imprimieron, pero es necesario tomar en cuenta que las mujeres intervinieron en todos los procesos, desde corregir planas hasta vender los libros. Por ejemplo, sobre la mujer de Antonio Espinosa, que dirigía el taller, se dijo que: "Tenía tanta travesura como el marido [...] La buena señora aplicaba al vaciado las misma reglas de economía que a su despensa, compraba el plomo viejo de canelones y vidrieras en el rastro y le echaba la menos mezcla posible, de tal modo que la letra vieja de Espinosa solía comprarse como si fuera plomo puro".

Redención

DIRECTORA y REDACTORA

COLABORADORES:

Año 11

EDITORIAL

Prudencia Ayala

Es un día soleado y Prudencia Ayala camina con paso firme hacia el Congreso de El Salvador. Va a postularse a la presidencia de su país para ayudar a otras mujeres como ella: pobres, indígenas, divorciadas e hijas fuera del matrimonio. Prudencia no tiene mucha educación formal, pero adquirió una gran cantidad de conocimientos de manera autodidacta. Esto le permite reconocer y luchar por el derecho de las mujeres a la ciudadanía y a tener voz en la política.

A Prudencia no la respalda ningún partido político, pero es muy conocida por denunciar actos de corrupción y violencia del gobierno y por manifestarse contra la intervención estadounidense, que fomenta la pobreza y explotación de los centroamericanos en los campos bananeros y cafetaleros, mientras beneficia a la gente corrupta que gobierna en los países de Centroamérica para que unos pocos extranjeros se hagan ricos. Varias veces la han encarcelado por sus reclamos. Por eso suele expresar sus opiniones en forma de profecías que hace por "don divino", ya sea en periódicos o en plazas públicas. Entonces la gente sí la escucha y el gobierno la persigue menos.

Su candidatura sólo ha encontrado eco entre las obreras y algunos periodistas, pues los políticos y las mujeres conservadoras la tachan de "loca y analfabeta". Esto no le molesta a Prudencia. Lo que sí la afectará será que, a pesar de su intensa campaña, la Corte Suprema de Justicia está por rechazar su candidatura por el simple hecho de que es mujer.

La noticia será un golpe mucho más duro de lo que Prudencia espera y hará que se retire de la escena política para siempre. Décadas más tarde, pocos recordarán que ella fue la primera mujer latinoamericana en postularse a la presidencia de un país y la única, hasta ahora, en hacerlo en El Salvador.

....

(28 DE ABRIL DE 1885, SONSONATE, EL SALVADOR-11 DE JULIO DE 1936, SAN SALVADOR, EL SALVADOR)

Nació después de que su mamá, una coronela, quedó aturdida por un rayo. Por su habilidad de adivinación la llamaron "La sibila santaneca". También fue escritora y costurera. Alguna vez dijo: "No todos los hombres titulados llevan bastón. Yo lo llevaré como insignia de valor en el combate contra los ingratos que adversan mi amor, mi ideal, la vida que llevo".

la mujer ha gobernado en Europa en sistema monárquico ¿qué de extraño que gobierne en [...] del Continente hispanoamericano [...] del mundo: los dos [...] el hogar, los dos forman la sociedad, los dos deben formar el gobierno. Considerar el derecho ciudadano en los dos sexos, es elevar elevar el sentimiento la aspiración nacional, en la cultura de un progreso cívico de evolución social en el valor moral de la Nación.

Femenina

TODOS LOS QUE SIMIPATICEN CON LA CAUSA POLÍTICO CÍVICO SOCIAL EN EL GOBIERNO MIXTO

Guatemala, Junio de 1930 | Número 1

Belkis Ayón

Belkis Ayón se sienta frente a la placa circular de uno de sus últimos grabados, abre una lata para sacar la tinta espesa, negrísima, y usa su espátula para embadurnarla sobre ese círculo habitado por figuras inquietantes. Para entonces ya lleva unos diez años de dedicarse a esta disciplina, que ha ido perdiendo adeptos por las condiciones económicas en las que se encuentra Cuba, el llamado Periodo Especial.

Desafiante, Belkis crea grandes instalaciones uniendo muchas hojas de papel del único formato que se puede conseguir, pues su imaginario no cabe en esos pliegos de 50 × 70 centímetros. Su taller es un espacio enorme con grandes tórculos, esas máquinas que le sirven para transferir las figuras al papel; invita a otros a trabajar allí para formar nuevos artistas que también dominen la técnica y la conjuguen con conocimientos históricos y teoría. La inspiran las misteriosas imágenes de cabras, peces y serpientes de los abakuá, un grupo formado sólo por hombres que adora a una mujer, Sikán. Belkis se identifica con ellos y busca mostrar ese mundo en su trabajo.

La artista manipula los pesados tórculos y sonríe al comprobar la calidad de sus impresiones. No sabemos si también ahí la interrumpe el desasosiego que en unos meses, a los 32 años, la llevará a terminar su propia vida tras una carrera tremendamente exitosa durante la que retrató los ritos de esta fraternidad afrocubana secreta, marginada e inaccesible, por medio de ese otro ritual que es imprimir un grabado.

(23 DE ENERO DE 1967–11 DE SEPTIEMBRE DE 1999, LA HABANA, CUBA)

Durante su corta carrera participó en docenas de exposiciones en muchos países. Su técnica era la colografía, que emplea *collages* de diversos materiales que se pegan en una plancha y se entintan para lograr texturas interesantes. Alguna vez dijo: "He quedado atrapada con todo placer en un mundo de recuerdos sagrados, de misterios, de secretos conocidos, y de secretos-secretos".

María Luisa Bemberg

María Luisa acaba de terminar un guion más. Es una historia para una película nueva que habla de una mujer mayor, insatisfecha con su vida de esposa y profesionista. Cuando relee lo escrito se da cuenta de que no puede dejar que esta historia, tan cercana a la suya, la dirija de nuevo alguno de sus amigos. Sabe que su mirada masculina no es suficiente para registrar todas las sutilezas que ella ve en su cabeza. Así que, a una edad en la que ya le habría tocado comportarse como toda una abuela dulce y complaciente, tal como le enseñaron en su casa, María Luisa decide que ella va a dirigir su primera película. Se llamará *Momentos,* y será la primera de una serie de historias que de alguna u otra forma rompen con la idea de lo que es ser una mujer convencional y bien portada. Quizá siente un poco de vértigo por el paso que está a punto de dar dentro de un mundo de talentos que mientras más jóvenes sean, mejor.

Durante los siguientes doce años María Luisa escribirá y dirigirá seis películas cuyas protagonistas confrontan los poderes que las rigen en la sociedad argentina, como la Iglesia, el Estado y sobre todo, la familia. Desde la perspectiva que le da haberse criado en una familia de origen aristocrático, le interesarán las historias de quienes reniegan del ideal de "ser mujer" dentro de estos ambientes opresivos, como hace uno de sus personajes, Camila O'Gorman, al rebelarse ante todas estas instituciones por una historia fallida de amor.

En sus películas tomará ejemplos de personajes históricos para explorar problemas aún vigentes entre las mujeres, como su versión de sor Juana Inés de la Cruz, a quien imagina desafiante tanto religiosa como sentimentalmente. También creará historias actuales como la de *Momentos,* en la que una mujer, a una edad en la que según la sociedad ya no debería hacerlo, busca vitalidad sin tener que cargar con culpas ni volverse víctima. Exactamente eso hace ahora mismo María Luisa con su propia vida, decidiendo a sus casi sesenta años comenzar su carrera como directora de cine.

....

(14 DE ABRIL DE 1922-7 DE MAYO DE 1995, BUENOS AIRES, ARGENTINA)

Camila (1984) fue la primera película argentina en ser nominada a un Oscar en la categoría de habla no inglesa en 1985. Su trabajo como creadora se vio sustentado por un constante activismo político que incluyó ser parte de las fundadoras de la Unión Feminista Argentina en 1970. Alguna vez dijo: "Yo he cumplido con mis propias voces, y tal como dice Edgar Allan Poe, 'aquel que no escucha sus voces es desgarrado como un tigre'. Ahora me siento en paz. Haber seguido mi destino me reconcilia mucho con la muerte, porque estoy cumpliendo con la razón de ser para la cual pasé por este planeta".

Marisol

(MARISOL ESCOBAR)

Una mujer de ojos grandes y pelo oscuro observa en silencio las versiones de su propia imagen repetidas en las figuras que la acompañan: las esculturas de madera más o menos de su tamaño que a lo largo de los meses han ido formando el grupo que se llamará *The Party (La fiesta)* cuando esté terminado. Marisol le ha dado una personalidad distinta a cada una de estas esculturas, tanto a través de la forma de los bloques como del uso de otros materiales: telas con las que les hace vestidos, autorretratos en fotografía, moldeados y dibujo, joyas o partes del cuerpo que sobresalen.

Esta artista venezolana es la sensación de la escena neoyorkina del arte, en la que irrumpió unos diez años antes, llamando la atención por aparecerse en entornos casi totalmente masculinos (como aquella mesa redonda a la que llegó para no hablar, con la cara cubierta por una máscara japonesa que sólo se quitó tras la exigencia de los asistentes, o como el arte pop, movimiento que tiene pocas representantes femeninas). ¿Qué pensará Marisol? ¿Estará de acuerdo en que la describan como "bella", "misteriosa", "glamorosa", o preferiría que hablaran de sus esculturas? A fin de cuentas, todavía hoy es extraño encontrar una mujer que haga escultura y más aún en formatos grandes.

Si algo no sobra alrededor de Marisol son las palabras: ella decidió dejar de hablar a los 11 años por motivos religiosos tras el suicidio de su madre, y esa parquedad de palabra todavía la acompaña. Prefiere que hablen sus esculturas y sus dibujos, a través de los que mezcla con humor y sutileza referentes de la cultura actual, sacados lo mismo de museos y galerías que de la tele y las revistas. También se inspira en figuras y formas de hacer ancestrales provenientes de diversas tradiciones, que tendrá la fortuna de estudiar en sus lugares de origen gracias al dinero de su familia. Así, no dependerá de los caprichos y las modas del mundo del arte para crear a lo largo de toda su carrera.

Marisol regresa a sus enormes piezas de madera, algunas más altas que ella, y continúa trabajando en silencio: quita, talla, lija, le pone unos zapatos a alguna de las piezas, dibuja sobre ellos para que sea evidente el trazo de su mano. Acomoda las figuras para que formen grupos, familias, acompañantes entre sí y para ella. Trabaja aparentemente sola, pero tiene la extraña presencia de las esculturas que la seguirán haciendo una celebridad por muchos años más.

....

(22 DE MAYO DE 1930, PARÍS, FRANCIA-23 DE ABRIL DE 2016, NUEVA YORK, ESTADOS UNIDOS)

Marisol representa una forma de vida y de creación que abunda en nuestras sociedades: la de las artistas nómadas, viajeras que llevan sus orígenes a cuestas por donde vayan. Aunque en su caso esta historia se cuenta desde una posición de inmenso privilegio económico, pues tanto sus posibilidades de movilidad como su libertad creadora sin ataduras se debieron en buena parte a que provenía de una familia adinerada. Marisol alguna vez dijo: "El silencio se convirtió en una costumbre tal, que realmente yo ya no tenía nada que decirle a nadie".

Silvia Pinal

Silvia acaba de enterarse de que está embarazada de su segunda hija. Ella llevará el nombre de una de las películas más emblemáticas de su carrera como actriz, *Viridiana*, pero este embarazo le impedirá continuar su carrera en Europa. Silvia Pinal está en plena filmación de *El Ángel Exterminador*, su segunda colaboración con Luis Buñuel, uno de los puntos cumbre dentro de una carrera en el mundo del entretenimiento pletórica de ellos.

Quizás ahora Silvia recuerde sus primeros años, cuando de pequeñita bailaba entre las enaguas de su mamá, que trabajaba tras el mostrador de una pescadería en la Ciudad de México, o piense en sus coqueteos de veinteañera con la posibilidad de ser estrella de teatro musical en Estados Unidos, o acaso en cómo fue que consiguió esa reunión con Luis Buñuel, uno de los cineastas más grandes y polémicos de su momento, para proponerle que trabajaran juntos. La avalaban su talento y la chequera de su marido, Gustavo Alatriste, productor de los filmes más relevantes de la época. Este matrimonio propició las películas que Silvia considerará las mejores de su carrera y que le valieron, entre otras cosas, una Palma de Oro en Cannes, pero paradójicamente también será lo que le impida dar el salto al cine europeo en el momento preciso. A pesar de superarlo con creces en experiencia en la farándula y de haber sido ella quien instigó sus colaboraciones, del otro lado del Atlántico a la Pinal nunca la tomarían tan en serio como a su señor marido.

De cualquier forma, y ya con sus dos Viridianas (niña y película), Silvia Pinal continuará incansable su carrera en México, actuando en televisión, teatro y cine; como productora, creando espectáculos, abriendo y dirigiendo sus propios teatros, e incluso participando en la política, pues sabrá aprovechar su popularidad en todos estos ámbitos. Se casará un par de veces más, tendrá otros dos hijos. El nombre de Viridiana será a la vez recuerdo de sus mayores alegrías y de una de sus tristezas más grandes al morir en un accidente, siendo una jovencita, esa hija que hoy se anuncia. Pero en este momento, todo en la vida de Silvia parecen ser posibilidades a su alcance: todas las películas en las que sentirse una actriz plena y respetada, todo el amor, toda la belleza de criar a una niña tan vital como ella misma.

(12 DE SEPTIEMBRE DE 1931, GUAYMAS, MÉXICO)

Silvia Pinal fue pionera de diversos ámbitos del entretenimiento en México: introdujo formas novedosas al teatro musical, programas de variedades en televisión, y su programa de testimoniales *Mujer, casos de la vida real* fue un parteaguas de la televisión mexicana que duró 23 años. Alguna vez dijo: "Leyenda no quiero ser, ni diva tampoco; yo sigo vigente a través de los hechos".

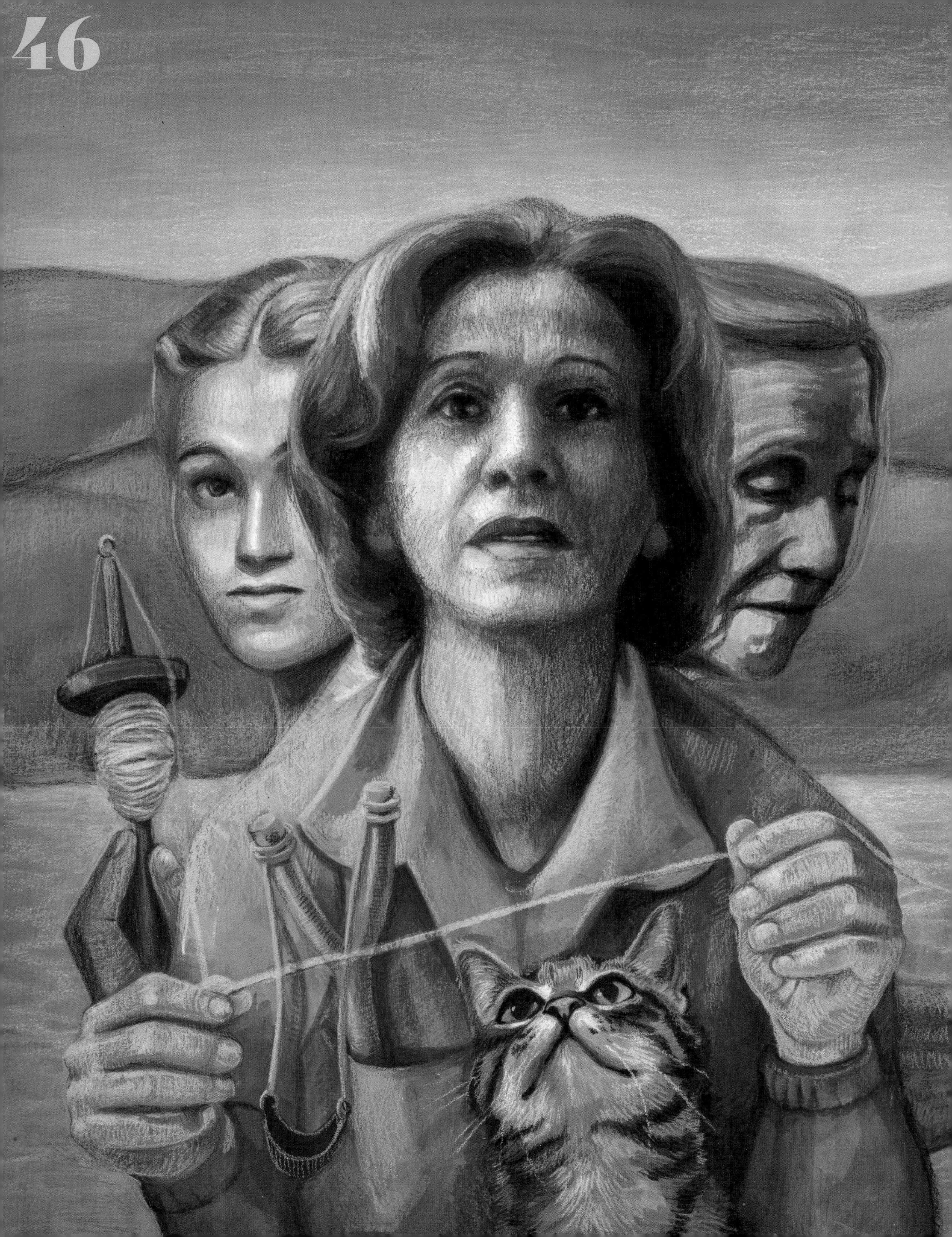

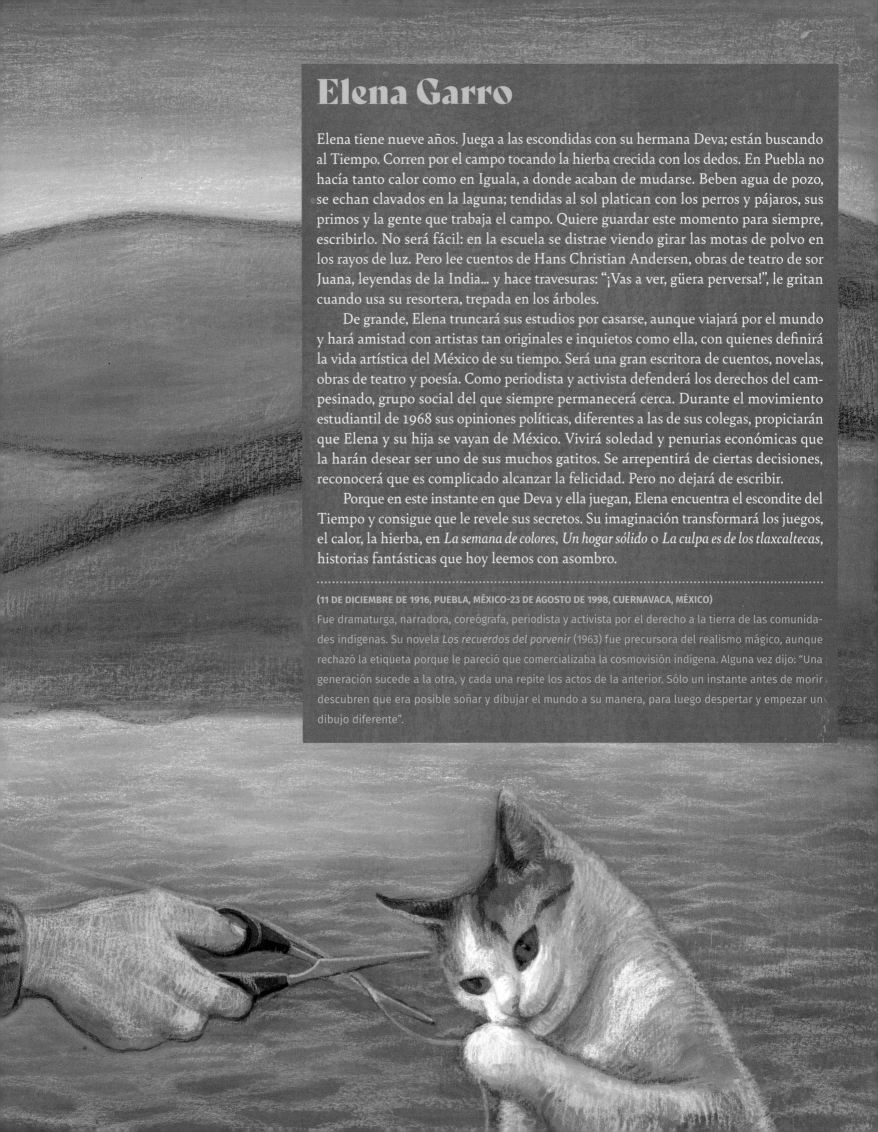

Elena Garro

Elena tiene nueve años. Juega a las escondidas con su hermana Deva; están buscando al Tiempo. Corren por el campo tocando la hierba crecida con los dedos. En Puebla no hacía tanto calor como en Iguala, a donde acaban de mudarse. Beben agua de pozo, se echan clavados en la laguna; tendidas al sol platican con los perros y pájaros, sus primos y la gente que trabaja el campo. Quiere guardar este momento para siempre, escribirlo. No será fácil: en la escuela se distrae viendo girar las motas de polvo en los rayos de luz. Pero lee cuentos de Hans Christian Andersen, obras de teatro de sor Juana, leyendas de la India... y hace travesuras: "¡Vas a ver, güera perversa!", le gritan cuando usa su resortera, trepada en los árboles.

De grande, Elena truncará sus estudios por casarse, aunque viajará por el mundo y hará amistad con artistas tan originales e inquietos como ella, con quienes definirá la vida artística del México de su tiempo. Será una gran escritora de cuentos, novelas, obras de teatro y poesía. Como periodista y activista defenderá los derechos del campesinado, grupo social del que siempre permanecerá cerca. Durante el movimiento estudiantil de 1968 sus opiniones políticas, diferentes a las de sus colegas, propiciarán que Elena y su hija se vayan de México. Vivirá soledad y penurias económicas que la harán desear ser uno de sus muchos gatitos. Se arrepentirá de ciertas decisiones, reconocerá que es complicado alcanzar la felicidad. Pero no dejará de escribir.

Porque en este instante en que Deva y ella juegan, Elena encuentra el escondite del Tiempo y consigue que le revele sus secretos. Su imaginación transformará los juegos, el calor, la hierba, en *La semana de colores*, *Un hogar sólido* o *La culpa es de los tlaxcaltecas*, historias fantásticas que hoy leemos con asombro.

....

(11 DE DICIEMBRE DE 1916, PUEBLA, MÉXICO-23 DE AGOSTO DE 1998, CUERNAVACA, MÉXICO)

Fue dramaturga, narradora, coreógrafa, periodista y activista por el derecho a la tierra de las comunidades indígenas. Su novela *Los recuerdos del porvenir* (1963) fue precursora del realismo mágico, aunque rechazó la etiqueta porque le pareció que comercializaba la cosmovisión indígena. Alguna vez dijo: "Una generación sucede a la otra, y cada una repite los actos de la anterior. Sólo un instante antes de morir descubren que era posible soñar y dibujar el mundo a su manera, para luego despertar y empezar un dibujo diferente".

María Elena Walsh

Un batallón de niños rodea el piano en una casa de Ramos Mejía, provincia de Buenos Aires, donde María Elena y sus hermanos cantan los disparates en inglés que el señor Walsh, su papá, recordaba de su propia infancia en Inglaterra. Estos disparates le servirán años después para crear canciones en las que buscaría replicar esa sensación de absurdo, pero para las niñas y niños que cantaban en español. En algún momento María Elena Walsh querrá ser "escritora seria", pero desertará de la poesía al ver lo pedante de ese entorno. Redescubrirá, poco a poco, que las canciones son otra posibilidad de usar las palabras para transmitir mensajes y contar historias, y mezclará el espíritu juguetón y disparatado de las rimas inglesas con la sabiduría, los lugares y los tiempos de la canción argentina tradicional.

A María Elena le tocará vivir en un momento de inquietud y descontento político; sus canciones servirán como remansos incluso para los adultos, pequeños hechizos contra el miedo que puede causar una situación que no entendemos, como la política, la enfermedad o la tristeza. En las palabras de canciones como *El reino del revés* se podrán expresar en clave cosas que viviendo en una dictadura no habrá permiso de decir abiertamente. *Como la cigarra*, con sus versos sobre morir y renacer, se convertirá en la canción emblemática de María Elena, a pesar de los intentos por censurarla, y se transformará en un himno para resistir, pues "el público se dio cuenta que decía algo que tenía que ver con *nosotros*".

María Elena Walsh usará sus canciones y sus poemas, sus obras de teatro y sus espacios en la tele, todos los medios puestos a su alcance, para pelear por las causas justas. Buscará amplificar las voces que necesitan oírse, y a lo largo de su vida encontrará amigas y compañeras con quienes construir esos espacios para cantar y crear con la misma libertad con la que lo hace ahora, acompañada por su hermana y hermanos, en una tarde como cualquier otra.

....

(1 DE FEBRERO DE 1930, RAMOS MEJÍA, ARGENTINA-10 DE ENERO DE 2011, BUENOS AIRES, ARGENTINA)
María Elena Walsh llevó una vida que abiertamente compartió con una serie de compañeras sentimentales y creativas a la vez: la cantante folclorista Leda Valladares, la directora de cine María Herminia Avellaneda y la fotógrafa Sara Facio, a quien conoció desde la infancia y quien la acompañó en sus últimos momentos de vida. Alguna vez dijo: "Yo quiero ser juglar, pero de nuestras cosas".